Annette Langen

Das hab' ich für dich selbstgemacht!

Tolle Ideen zum Basteln und Verschenken

Illustrationen
von Maria Wissmann

COPPENRATH VERLAG

An alle Selbermacher!

„Nicht vergessen, Tante Lore hat bald Geburtstag!"

„Opi gibt ein großes Fest… hast du dir schon ein Geschenk für ihn überlegt?"

Kennst du diese Situation? Du möchtest jemandem, den du sehr gerne magst, ein Geschenk überreichen.

Aber leider ist dein Taschengeld fast aufgebraucht, die Sachen in den Läden findest du langweilig... – und jetzt fragst du dich:

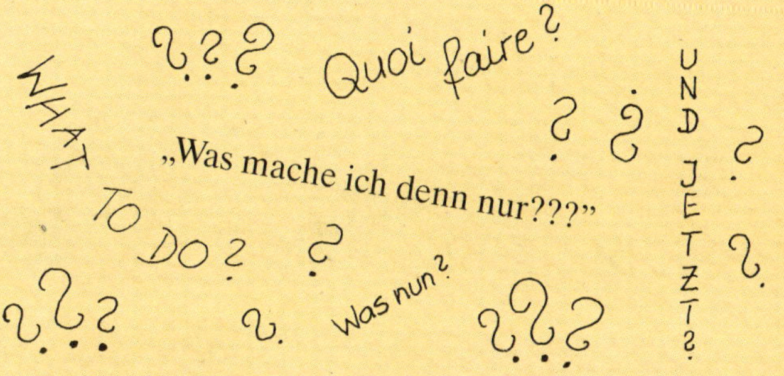

Schau dir einmal die nächsten Seiten an, dort findest du viele Bastelvorschläge und getestete Geschenkideen, die du ganz leicht und ohne großen Materialaufwand herstellen kannst.

Das Basteln wird dir viel Spaß machen. Außerdem wirst du staunen, wie sehr sich Patentanten, Großväter, beste Freundinnen, Geburtstagskinder und Hochzeitspaare über diese selbstgemachten Geschenke freuen werden!

Möchtest du gleich loslegen? Damit alles gut klappt, liest du dir die **Infoseite für Bastler** (s.S. 4/5) durch. Außerdem findest du tolle Verpackungstips für deine Geschenke auf der Seite 47.

Also, schnell umblättern und viel Spaß!

Infoseite für alle Bastler und solche, die es noch werden wollen:

* Das gehört zu deiner Bastel-Grundausrüstung und sollte nie fehlen:
Schere, Lineal, Kleber, Klebeband, Farben, Stifte, Nägel, Schnüre und ein Arbeitsplatz, der auslaufende Materialien notfalls vertragen kann.

TIP: Besorge dir eine robuste Plastikauflage zum Abdecken der Tischplatte!

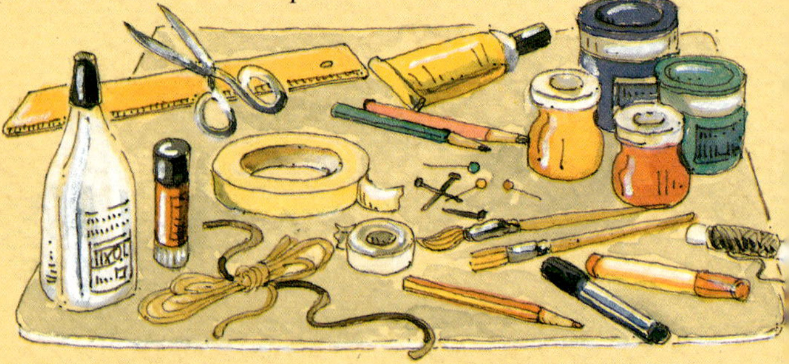

* Klebestifte und Farben nie länger als notwendig offen stehen lassen. Es könnten schädliche Dämpfe austreten!

* Bei Messern, Scheren, Sägen und anderen Werkzeugen ist Vorsicht geboten. Bitte lieber deine Eltern, dir zu assistieren, bevor du gefährliche Projekte alleine in Angriff nimmst. In diesem Buch sind immer Hinweise, wenn du manchmal Erwachsenen-Unterstützung gebrauchen kannst!

* Schaff dir deine Bastel-Utensilienkiste an, in der du alles aufbewahrst. Damit ersparst du dir lange Suchaktionen!

* Noch ein Tip: Frag in deinem Bastelgeschäft nach Resten, die du günstig bekommen kannst! Oder geh bei Sperrmüllsammlungen mit wachsamen Augen durch die Straßen! Das Sammeln von Fundstücken macht Spaß und gehört zum fantasievollen Basteln einfach dazu!

* Du wirst sicherlich noch viele weitere nützliche Reste bei dir zu Hause finden! Stoffstücke, Holz und Farben lassen sich auch schon in kleinen Mengen sehr gut für deine Basteleien verwenden.
Auf alle Fälle solltest du deine Familie fragen, ob du deine Fundsachen auch wirklich zum Basteln benutzen kannst!

* Bevor du beginnst, überprüfe, ob alle benötigten Materialien vorhanden sind. Dann brauchst du deine Bastelarbeit nicht zu unterbrechen, weil dir mittendrin etwas Bestimmtes fehlen könnte.

Besucher im Blumentopf

Ein schönes Geschenk für alle, die einen Wintergarten, eine überdachte Veranda oder eine Blumenfensterbank haben.

Du brauchst dazu:
eine Ausschneide-Schablone, Plakatkarton oder Pappe, einen Bleistift, Kleber, Schere, Stoffreste oder bunte Papierschnipsel, flexible Holzstäbe mit ca. 40 cm Länge und 0,5 cm Durchmesser, Farben und Wachsstifte.

So wird's gemacht:
Vergrößere diese Formen und schneide dann das Papier aus. Jetzt erhältst du eine Schablone. (Natürlich gibt es noch viel mehr Möglichkeiten: z.B. Ostereier und Hasen, Weihnachtsmann und Tannen, Herzchen zum Muttertag...) Die Schablone legst du auf den Plakatkarton und zeichnest zweimal die Umrisse mit einem Bleistift auf.

Diese Figuren ausschneiden. Jetzt kannst du sie auf den Außenseiten nach deinen Vorstellungen farbenfroh bemalen und bekleben. Dabei sieht ein Stoff-Mix sehr schön aus. Oder willst du lieber bunte Papierschnipsel aus Zeitschriften mit aufgemalten Farben kombinieren?

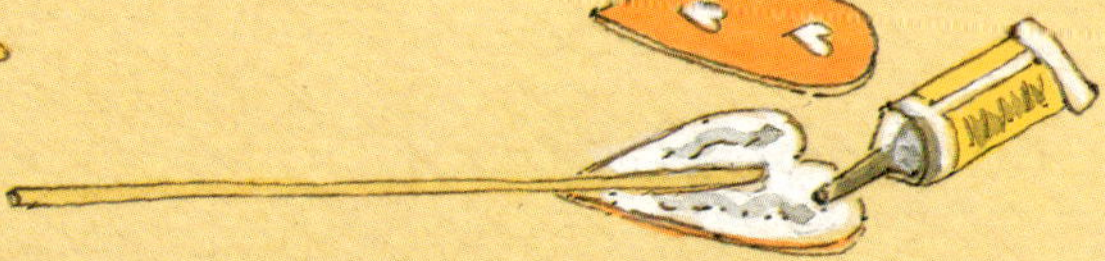

Wenn beide Vorderseiten gestaltet sind, klebst du sie Rücken an Rücken mit dem Holzstab dazwischen aufeinander. Leicht andrücken, dann zum Trocknen eine Stunde liegen lassen.

Natürlich lassen sich nach dieser Methode auch Besucher in den unterschiedlichsten Größen und Formen gestalten. Es geht ganz einfach!

TIP: Diese Besucher für den Blumentopf sehen nicht nur schön aus, wenn sie in das Erdreich gesteckt sind. Sie stützen auch Blumen und Grünpflanzen. Dazu bindest du die Pflanze mit einer dünnen Bastschnur an den Holzstab.
Sie schmücken auch Geschenke und Blumensträuße!

Schiff ahoi!

Geschenkideen für alle Wasserratten, Badewannen-Kapitäne und Bach-Erforscher!

Für diese Schiffsflotte brauchst du:
Stoffreste, Styropor, Schnur, einige Äste, Draht, Nägel, Korken, Blechdosen und viele Ideen!

* **Der blitzschnelle Katamaran,** der sich besonders für Schiffsregatten eignet.

* **Der gemütliche Mississippi-Dampfer!**
Für Sommerferien à la Tom Sawyer und Huckleberry Finn…

* **Das Trapper-Floß**

Bestens ausgerüstet zur Erforschung unbekannter Flüsse! Das Floß eignet sich auch gut für Wettrennen aller Art!

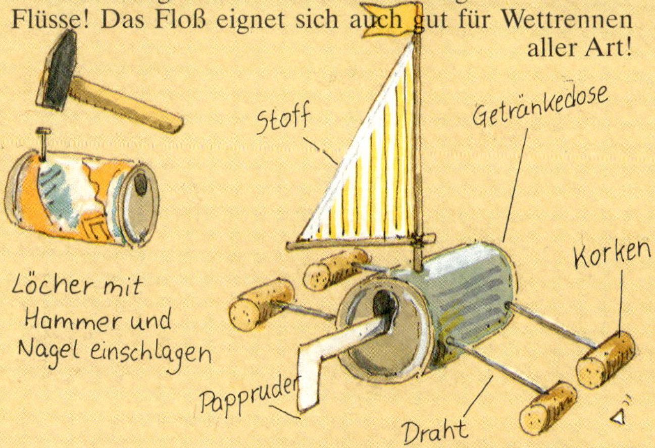

* **Die schwimmende Insel!**

... vielleicht setzt du noch einen Robinson Crusoe dazu. Diese Trauminsel verschönert auch den Gartenteich!

Durch die Blume…

Ein Blumenkranz aus dem Anfangsbuchstaben – das Geschenk für Namenstage!

TIP: Für eine Hochzeitsfeier entwirfst du ein Herz und steckst weiße Blumen hinein.

Dazu brauchst du:
Blumensteckmasse, kleine Holzstäbchen, Messer, Schere, Bleistift, entweder Trockenblumen oder frische Schnittblumen und Bindegrün, dünnen Floristendraht, Buchstaben- oder Herzschablonen.

Du kannst Buchstaben (z. B. von einer Zeitschriftenüberschrift) mit einem Hilfsraster vergrößern!

So wird's gemacht:
Lege eine Schablone des Anfangsbuchstabens, den du verschenken möchtest, an. Dazu mit einem Bleistift den Buchstaben in einer Größe von ca. 12–15 cm Höhe auf ein Blatt Papier zeichnen.

Diese Vorlage ausschneiden, auf die Blumensteckmasse legen und mit einem Messer vorsichtig die Buchstabenform ausstechen. Um die Buchstaben zu stabilisieren, steckst du mehrere Holzstäbchen waagerecht hinein. Dann umwindest du die Blumensteckmasse mit Floristendraht.

Wenn du einen Kranz aus frischen Blumen herstellen möchtest, dann wässerst du ihn jetzt. Zuerst steckst du Efeu hinein, dann farblich zueinander passende Blumen mit hübschen bunten Blüten. Achte darauf, daß von der Blumensteckmasse nichts mehr zu sehen ist.

Wenn du den Kranz als Tischdekoration benutzen möchtest, solltest du ein Stück Alufolie darunterlegen, damit die Tischdecke nicht durchnäßt wird!

Verwendest du Trockenblumen, steckst du kleine Sträuße in die trockene Blumensteckmasse. TIP: Bei Blumen, die nur einen zarten Stiel haben, drehst du Floristendraht darum und steckst sie mit dem „Drahtfuß" in den Kranz.

Natur-Pur zum Verschenken

Ein herrliches Geschenk für alle Naturliebhaber und Pflanzenfreunde. Auch für solche, die es noch werden wollen!

Dazu brauchst du:
eine mittelgroße Obstkiste aus Holz (frag in deinem Lebensmittelgeschäft danach), gelochte Plastikfolie zum Auslegen der Kiste, Muttererde, Blumensamen und kleine Grünpflanzen, Stecklinge und Steine.

So wird's gemacht:
Lege ein Stück Plastikfolie in der Kiste aus. Achte darauf, daß du die Plastikfolie an den Rändern hochziehst. Dann füllst du Muttererde in die Kiste hinein.

Nun wird es spannend, denn du pflanzt ein Mini-Gärtchen in die Kiste. Lege eine kleine Gartenlandschaft an!

Dabei kannst du Wildblumen-Samen einstreuen, kleine Grasbüschel einsetzen, herrlich sehen auch Kirschtomatenpflanzen aus. Übrigens, diese winzigen Tomaten schmecken auch sehr gut. Plaziere einige dekorative Steine in dem Terrain. Vielleicht willst du sogar einen Mini-Teich in einer flachen Glasschale anlegen...

Dabei gibt es unbegrenzt viele Möglichkeiten. Wichtig ist nur, daß du das Gärtchen nach dem Einsäen und Einpflanzen regelmäßig mit Wasser versorgst.

Dieser Mini-Garten findet Platz auf dem kleinsten Balkon, im Wintergarten, auf der überdachten Veranda und sogar auf einer geräumigen Fensterbank!

Kunst von Kindern

Das kannst du auch, und es ist ein ganz besonderes Geschenk für gute Freunde oder deine Familie.

Dazu brauchst du:
einige Holzstöcke, die du im Wald gefunden hast, ein Taschenmesser, wasserfeste Farbe und einen Pinsel.

So wird's gemacht:
Suche Stöcke, die eine unterschiedliche Länge und Stärke haben. Achte darauf, daß die Holzrinden nicht zu dick und zu rauh sind.
NIE ÄSTE VON BÄUMEN ABBRECHEN!

Jetzt ziehst du mit dem Taschenmesser die Rinde von den Ästen ab. Überflüssige, kleinere Äste abbrechen.

Dann greifst du zu Pinsel und Farbe. Male jeden Stock bunt an. Besonders gut wirken dabei die Grundfarben (Rot, Blau, Gelb) und Schwarz. Aber natürlich sehen leuchtende gemischte Farben auch sehr fröhlich aus.

Die bemalten Stöcke werden dann in willkürlicher Weise in den weichen Gartenboden gesteckt. Sie bringen sehr viel „Leben" – du wirst staunen, wie gut sie wirken.

Dosen-Stelzen

Ein Geschenk, das viel Spaß und spannende Stelzen-Wettrennen verspricht!

Dazu brauchst du:
leere Blechdosen von Limonaden, ca. 2 Meter Wäscheleine, Nagel, Hammer, Klebeband, Farbe und Pinsel.

So wird's gemacht:
Wasche die Dosen gut ab, dann schlägst du mit Nagel und Hammer zwei Löcher in die Seiten der Dosen. Achte darauf, daß diese Löcher auf derselben Höhe liegen.

Nun ziehst du die Wäscheleine durch die Löcher. Stelle dich auf die Dose und fasse die Wäscheleine. Du solltest sie in deiner Taillenhöhe abschneiden. Verknote die Schnur.

Mit Farben malst du nun noch bunte Muster auf die Dosen-Stelzen. Dann müssen sie noch antrocknen, bevor sie liebevoll verpackt verschenkt werden können.

Für die Kleinsten der Familie: Ein freundlicher Begleiter!

Für deine jüngeren Geschwister, die gerade laufen gelernt haben!

Dazu brauchst du:
einen Schuhkarton, feste Pappe, einen mittelgroßen Ball, Kleber, Pfeifenreiniger, Farben, eine Schnur, Schere, Küchenpapierrollen, Stifte und Wollreste.

So wird's gemacht:
Suche einen stabilen Schuhkarton. Dann überlegst du dir ein Tier, das du entwerfen möchtest. Vielleicht einen gepunkteten Marienkäfer, einen Seehund oder einen Löwen?

Für dein Wunschtier schneidest du aus Pappe einen Kreis aus. Das wird die Nase oder Schnauze. Den Kreis rollst du zu einer spitzen Tüte, dann schneidest du Schlitze ein und faltest Stege in 2 cm Breite um.

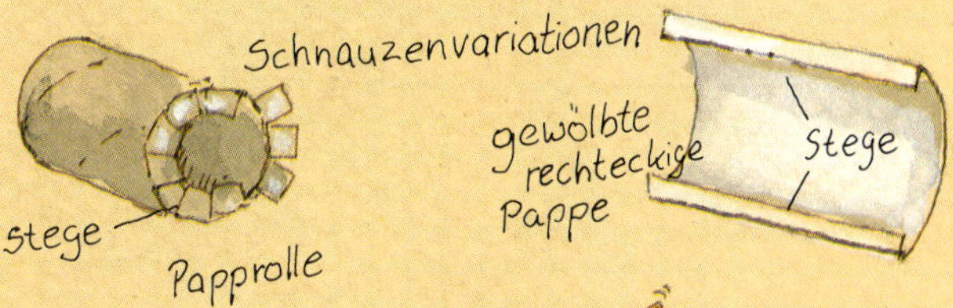

Die Stege mit Kleber bestreichen und an der Schmalseite des Kartons ankleben. Als nächstes schneidest du die Füße und Ohren aus. Ebenfalls einen Steg falzen und dann aufkleben.

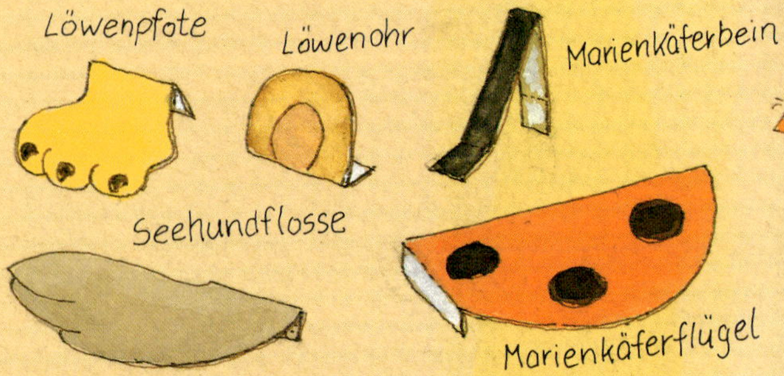

Für einen Marienkäfer brauchst du natürlich wippende Fühler, die du aus Pfeifenreinigern anklebst.

Nun bemalst du den Karton in den passenden Farben und befestigst eine Kordel an der Kopfseite. Mit einem Knoten versehen, dann den Ball unterlegen. Jetzt die Schnur in die Hand nehmen und die erste Testfahrt starten.
Später können die Kleinen in der Gesellschaft von ihrem rollenden Begleiter spazieren gehen.

Die Schmuck-Boutique:

Alles, was das Herz begehrt!

Muschelschmuck

Dazu brauchst du:
Viele Muscheln und andere Fundstücke vom Meer, einen Bohrer, Nylonschnur, Verschlußösen, Ohrringösen, Lederband für die Halskette, Gummiband für das Muschelarmband, Allzweckkleber.

Mit diesen Materialien lassen sich herrliche Schmuckstücke anfertigen. Beim Durchbohren der Muscheln darauf achten, daß sie ganz flach aufliegen, sonst zerbrechen sie zu leicht!

Wenn du alle Bastelmaterialien vor dir liegen hast, beginnst du Muscheln für die unterschiedlichen Schmuckstücke auszuwählen (z.B. nach Farben, Formen oder Größen). Dabei gibt es unzählige Kombinationsmöglichkeiten! Sehr schön sieht es auch aus, wenn du einige angespülte Holzstückchen mit auf das Lederband ziehst.

Brosche
Ohrringe
Kette
Armband

TOTAL CRAZY!!!

Verrückte Schmuckstücke und Haarschmuck für die Gutgelaunten...

Die bunte Arche-Noah-Kette

Dazu brauchst du:
kleine Gummispieltiere (suche deine alte Spielzeugkiste durch, da findest du sie bestimmt!) in bunten Farben, Fingerhut, Nadel, Nylonschnur und eine Verschlußöse.

So wird's gemacht:
Als erstes erhitzt du die Nadel über einer Kerze. Achte darauf, daß du deine Finger schützt! Dann nimmst du dir der Reihe nach jedes Gummitier vor und durchbohrst es mit der heißen Nadel. Fädele es sofort auf die Nylonschnur auf. Wenn deine Halskette den ausreichenden Umfang hat, bringst du die Verschlußöse an.

Diese bunte Kette erregt überall Aufsehen!

Tierische Haarspangen

Dazu brauchst du:
bunte, einfache Haarspangen mit einer glatten Oberfläche aus Plastik, Allzweckkleber und natürlich verrückte Sammelstücke zum Aufkleben.

So wird's gemacht:
Klebe z.B. einen frechen Frosch auf die Haarspange. Dazu die Unterseite des Objekts gleichmäßig mit dem Kleber bestreichen, leicht andrücken und über Nacht antrocknen lassen.

Natürlich können auch kleine Schiffe, Obst-Attrappen, Würfel und vieles andere auf der Haarspange Platz finden.
TIP: Dieser Haarschmuck ist viel witziger und nur halb so teuer wie die im Laden erhältlichen Stücke!

Bunt ist Trumpf! Ketten, Broschen und Armbänder aus leuchtenden Holzperlen

Ein besonderer Schmuck für Jacken und Pullover!

Dazu brauchst du: ein gut sortiertes Bastelgeschäft oder einen Laden, der sich auf Perlen aller Art spezialisiert hat. Dort suchst du dir deine bunten Holzperlen aus, die gibt es in allen Größen, rund und eckig! Außerdem Verschlußösen, Kautschukband und Broschennadeln einkaufen.

So werden die **Ketten** und die **Armbänder** gemacht: Ziehe die bunten Holzperlen auf das Kautschukband auf, je bunter die Reihenfolge, desto schöner sieht die Kette nachher aus. Dann bringst du nur noch die Verschlußösen an, und schon kann das Schmuckstück angelegt werden.

Sehr gut sehen diese **Ketten** aus, wenn du mehrere Kautschukbänder in unterschiedlichen Längen zusammenfaßt. Dazu die Perlen mit Abständen voneinander aufziehen! Dann das Ende aller Bänder zusammenfassen und mit einem Spezialverschluß an der Öse befestigen.

So wird die **Brosche** gemacht:
Du brauchst ein kleines Gitter aus Plastik, das sieht ungefähr so aus (siehe unten!).

Du bekommst es in unterschiedlichen Größen und Formen in deinem Bastelgeschäft. Befestige die Broschennadel mit Nylonschnur an dem Gitter.

Schneide Kautschukstücke in unterschiedlicher Länge (ca. 5–9 cm) ab. Winde diese Stücke durch die „Gitteröffnungen", verknote sie und ziehe nun die kleinen Holzperlen und Holzvierecke auf. Diese Bandstücke sollen richtig abstehen.

Steckenpferd & Co. für den großen Zirkusauftritt

Eine fröhliche Überraschung für deine Freunde, die genau solche Zirkusfans sind wie du.

Dazu brauchst du:
alte Besenstiele, Vierkantholz-Leisten, Zeitungspapier, Schere, Textil-Klebeband, Plakafarben, Wollreste, Pfeifenreiniger und alle Fundsachen, die sich zum Verzieren eignen.

So wird's gemacht:
Überlege dir, was für ein Zirkustier du basteln willst. Dann knüllst du einen Ball aus Zeitungspapier und wickelst Klebeband darum. Das wird der Kopf. Dann formst du, deiner Tierart entsprechend, eine Schnauze und setzt sie mit Klebeband an das Kopfteil.

Auf den Besenstiel spießt du den Kopf. Umwickele ihn entlang der Hals-Stiel-Verbindung reichlich mit Klebeband.

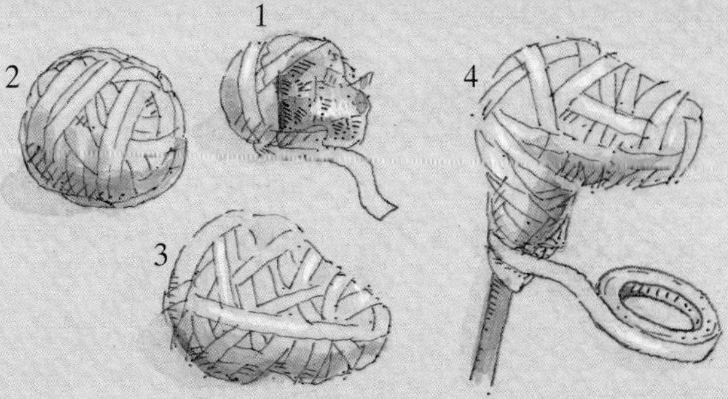

Jetzt beginnst du mit der Gestaltung des Kopfes: Bemale ihn mit Plakafarbe, spieße Knopfaugen hinein, schneide Wollfransen für die Mähnen zurecht und klebe Stoffohren an.

Für die neugierige **Riesenmaus** Schnurrbarthaare aus Pfeifenreinigern anstecken.

Das **Zirkuspony** bekommt eine bunte Trense und Zügel aus Stoffresten.

Der **wilde Löwe** erhält eine leuchtend gelbe Mähne aus Wolle.

Der **Elefant** hat angeklebte Riesenohren aus grauem Filz und einen Rüssel aus einem ausgestopftem Kniestrumpf.

Die Steckenpferde lassen sich besonders schön in einer gemeinsamen Bastelstunde entwerfen. Anschließend findet der große Auftritt in der Manege statt. Bahn frei für die Dompteure und ihre Tiere!

Die hilfreiche Hand

Ein witziges und praktisches Geschenk, für alle, die sich oft eine zusätzliche Hand wünschen.

Dazu brauchst du:
1 kg Gipsmasse (gibt es im Bastelgeschäft), 1 alten Putzhandschuh, Klebeband, Schmirgelpapier, Lackfarben und Pinsel.

So wird's gemacht:
Lege einen alten Putzhandschuh und die Gipsmasse bereit. Den Gips nach Anweisung auf der Packung anrühren. Dann gießt du den zähflüssigen Gips in den Handschuh hinein. Das geht sehr viel leichter, wenn dir jemand dabei den Handschuh aufhält.

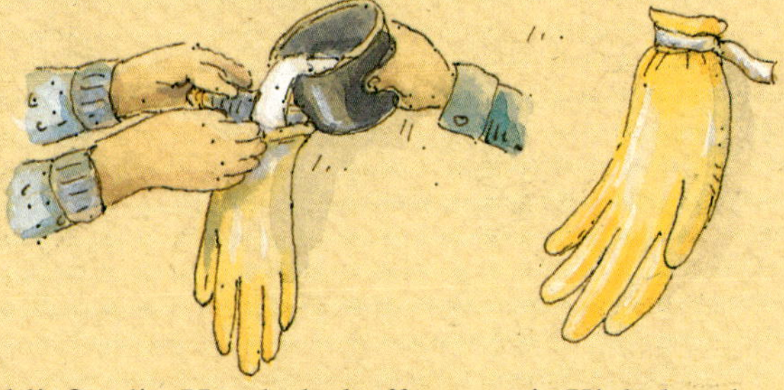

Verschließe die Handschuhöffnung mit Klebeband. Jetzt mußt du den Handschuh in seine endgültige Form bringen. Fasse ihn dazu mit beiden Händen und gestalte eine stehende Hand mit hochgerecktem Zeigefinger, eine liegende Hand. . .

Der Gips ist zwar schon nach 1 ½ Stunden hart, aber laß die Hand noch für 2 Tage ruhen, bevor du sie aus dem Plastikhandschuh herauslöst. Dabei mußt du ganz vorsichtig das Plastik aufschneiden und die Hand behutsam herausnehmen. Wenn sie noch unebene Stellen hat, glättest du diese mit Schmirgelpapier. Größere Löcher können nachträglich mit etwas Gipsmasse aufgefüllt werden.

Dann streichst du die Hand in leuchtenden Farben fröhlich an. Wenn diese angetrocknet sind, nimmt die hilfreiche Hand einen Platz im Badezimmer ein, um Ringe, Armreifen und Ketten zu halten. Im Büro deiner Eltern bewahrt sie Büroklammern und Radiergummis auf. TIP: Zwischen die Finger lassen sich Notizzettel stecken!

Der Stumme Diener

Dein hölzernes Ebenbild, das deinen Großeltern auf einem Tablett allerlei präsentieren kann!

Für die Holzfigur brauchst du:
einen Assistenten, 1 große Spanplatte mit einer Stärke von 1,5 cm, Bleistift, Farbe und Pinsel, etwas Schmirgelpapier.
Für das Tablett: ein Vierkantholz ca. 35 cm lang, ein Brett von 35 cm Länge, Schrauben und Schraubenzieher.

So wird's gemacht:
Du legst dich der Länge nach auf die Holzplatte. Dein Assistent zeichnet deine Umrisse auf das Brett. Nimm dazu so eine Haltung ein:

Nun läßt du das Brett entlang der Umrisse aussägen. Viele Bastelgeschäfte sind dafür ausgerüstet und erledigen es gegen ein kleines Aufgeld gerne!

Jetzt hast du die Rohform des Stummen Dieners vor dir. Unebene Kanten mit Schmirgelpapier glätten.

Dann greifst du zu Farbe und Pinsel und zeichnest Anziehsachen, Gesicht und Haare auf die Holzfigur. TIP: Am besten zeichnest du die Linien erst mit Bleistift auf!

Wenn du die Vorderseite bemalt hast, brauchst du die Unterstützung deines Assistenten. Das Vierkantholz wird in Ellbogenhöhe auf die Grundform geschraubt. Darauf bringst du das bemalte, kleine Tablett an.

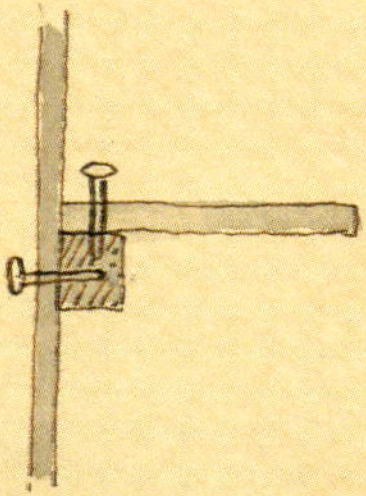

Ihr könnt den Stummen Diener an die Wand dübeln oder mit einigen Schrauben ein dreieckiges Stück Spanplatte unten an der Rückseite anbringen – dann steht er von selbst!

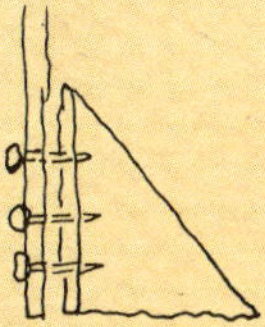

Das Spezial-Memory

Für große und kleine Leute mit Erinnerungsvermögen. Ein besonderes Spiel, das du auf die Interessen (z.B. lesen, Hunde, Ferienreisen) des Beschenkten abstimmst.

Dazu brauchst du:
Abbildungen aus Zeitschriften, Katalogen, Fotos, und alles was für dein Memory sonst noch verwendet werden soll, **zweifach!** (Also Augen auf bei der Suche nach den lustigsten Fotos und Zeitungsausschnitten, die auf die Hobbies und Interessen des Beschenkten anspielen.)
Außerdem brauchst du: Plakatkarton, Schere, Stifte, Lineal, Kleber.

So wird's gemacht:
Als erstes legst du deine Memory-Karten an. Sie müssen alle die gleiche Größe haben. Ideal ist ein Format von 4x4 cm. Unterteile den Plakatkarton in gleich große Quadrate und schneide diese aus.

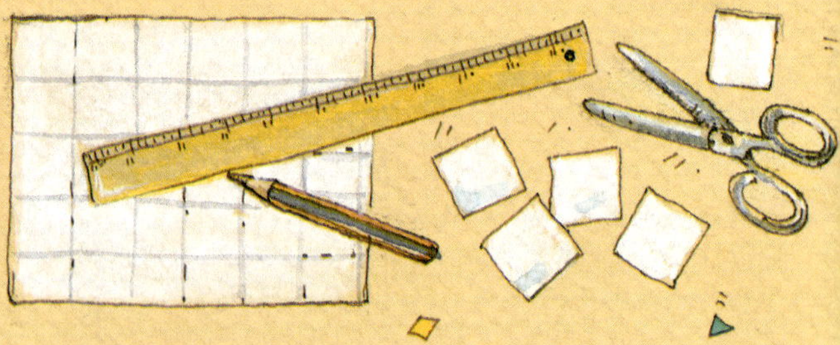

Jetzt beginnt deine Motivsuche. Für ein Memory-Spiel solltest du mindestens 100 Karten haben, d.h. du suchst nach 50 Motiven.

TIP: Kopiere Fotos, wenn du nicht teure Abzüge anfertigen lassen möchtest. Schreibe die Namen deiner Freunde je zweimal auf ein Kartenpaar. In Prospekten und Katalogen lassen sich schöne Motive für Leseratten, Hundefans und Reiselustige finden!

Die ausgeschnittenen Motive klebst du nun auf deine Karten. Dann schreibst du die Spielanweisung und füllst die Karten in eine schön beklebte Schachtel hinein.

Tüftlers Puzzle

Eine gute Geschenkidee für alle, die Spaß an kniffeligen Geduldspielen haben.

Dazu brauchst du: Die Vergrößerung eines Familienfotos auf Postergröße, oder eine Stadtansicht, oder ein Werbeposter, das dir besonders gut gefällt, Schere, Kleber, Plakatkarton und einen hübsch beklebten Geschenkkarton.

So wird's gemacht:
Wähle ein besonderes und buntes Bild aus. Sehr schön ist es, wenn der Beschenkte darauf zu sehen ist! Aber natürlich kannst du jedes Bild in Postergröße verwenden, das dir gut gefällt.

Dieses Bild klebst du auf einen stabilisierenden Plakatkarton. Kopiere das aufgeklebte Bild und verkleinere es auf Postkartenformat. Dieses kleine Bild erhält der Beschenkte zusammen mit dem Puzzle als Orientierungshilfe.

Dann zerschneidest du das große Bild in viele kleine Teile. So ein Tüftler-Puzzle darf ruhig aus 250 Stücken bestehen.

Die Puzzlestücke packst du mit dem kleinen Bild in einen Geschenkkarton. Schon ist dein Geschenk fertig.

Das Spezial-Stadtspiel

Darüber freuen sich alle, die an verregneten Nachmittagen liebend gern Gemeinschaftsspiele hervorsuchen!

Dazu brauchst du:
einen Stadtplan von deiner Heimatstadt, ein großes Spanbrett (ca. 40 x 40 cm), Holzleim, eine Flasche, Buntstifte, Plakatkarton, Papier, Schere, Spielfiguren, einen Würfel und viele Ideen.

TIP: Vielleicht macht es dir am meisten Spaß, wenn du dieses Geschenk mit Freunden zusammen entwirfst! Dabei kommt ihr sicherlich auf viele gute, gemeinsame Ideen.

So wird's gemacht:
Als erstes besorgst du in deinem Bastelgeschäft ein Spanbrett. Auf dieses Brett klebst du den Stadtplan auf. Mit einer Flasche anschließend darüberrollen, um zu verhindern, daß Luftblasen entstehen.

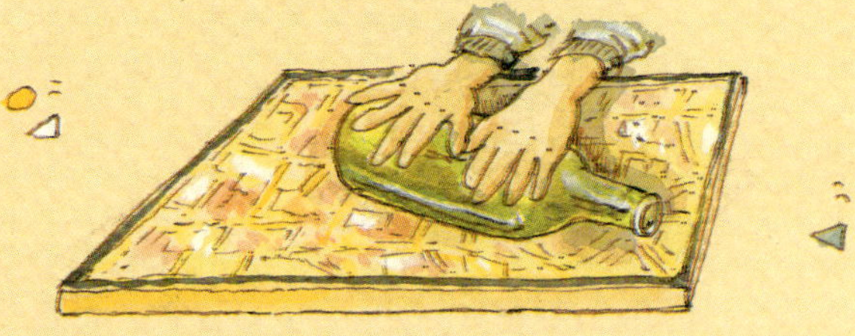

Dann zeichnest du kleine Felder auf, die durch die Straßen führen. Nun markierst du „Häuschen", die können natürlich genau da eingezeichnet werden, wo du und deine Freunde jeweils wohnen. Schließlich malst du noch Ergänzungen auf das Spielbrett: z.B. Ereignisfelder, Pausenfelder, Start und Ziel.

Aus dem Plakatkarton schneidest du rechteckige Ereigniskarten aus. Dann überlegst du dir Aufgaben, die zu erfüllen sind, und notierst diese auf der Rückseite der Ereigniskarte, z.B.:

* Du hast falsch geparkt, zahle 150 DM Strafgeld an deinen Nachbarn.

* Du darfst erst weiter setzen, wenn du deinen Nachbarn zum Lachen gebracht hast.

Vielleicht willst du auch noch Geldscheine einführen? Kopiere dazu einfach die echten Geldscheine. Besonders lustig ist es, wenn die Gesichter deiner Freunde auf den Fotokopie-Scheinen zu sehen sind. (Dazu Portrait-Aufnahmen kopieren, in die Geldschein-Kopie einpassen und so vervielfältigen.)

Nun entwirfst du die Spielanleitung. Die könnte so aussehen:

„Ziel des ......-Spieles ist es, möglichst schnell auf dem vorgeschriebenen Weg den Dom/Marktplatz/die Eisdiele zu erreichen. Der Reihe nach wird gewürfelt und die entsprechende Punktzahl gesetzt. Bei dem Landen auf Ereignisfeldern muß eine Karte gezogen werden. Erst wenn die gestellte Aufgabe erfüllt ist, geht es weiter. Jeder, der auf dem Haus eines Mitspielers landet, muß einen Witz erzählen. Wer zuerst das Ziel erreicht hat, bekommt..."

Das Spiel kann entweder lustig sein und verrückte Fragen haben, oder es kann wie Monopoly aufgebaut werden. Aber das entscheidest du!

Auf jeden Fall ist es ein einmaliges Geschenk für Insider!

Die besonderen Adventskalender zum Selbermachen

Ein tolles Geschenk – verbunden mit viel Vorfreude auf das Weihnachtsfest – für Eltern und Großeltern. Überreiche es am 30. November!

Der Baum-Adventskalender:

Dazu brauchst du:
einen schön geformten, kräftigen Ast aus dem Wald. NIE ÄSTE VON DEN BÄUMEN ABBRECHEN! 24 kleine Geschenke, Geschenkpapier und -band, Klebeband.

So wird's gemacht:
Suche schon in der 3. Novemberwoche einen schön geformten Ast im Wald aus. Lege ihn zum Austrocknen an einen warmen Platz, z.B. in den Heizungskeller. Laß ihn dort einige Tage liegen. In dieser Zeit überlegst du dir tolle kleine Überraschungen für die 24 Adventstage.

Du verpackst z.B. kleine Fundsachen in Geschenkpapier und hängst sie am Ast mit buntem Geschenkband auf: z.B. einen kleinen Glücksbringer, ein Urlaubsfoto, eine Weihnachtsdekoration, ein Parfümpröbchen, einen Gutschein oder eine abgeschriebene Stelle aus deinem Lieblingsbuch…

Du stimmst die kleinen Überraschungen auf die Vorlieben der Beschenkten ab! Versuche einmal nichts zu kaufen, sondern alle 24 Geschenke aus deinen Fundsachen und Bastelideen zusammenzustellen.

Der Stoff-Adventskalender

Du stellst einen Adventskalender her, dessen Überraschungen an den 4 Adventssonntagen abgenommen werden dürfen. Das Praktische daran: Er läßt sich jedes Jahr wieder neu behängen, und er nimmt aufgefaltet im Schrank nicht viel Platz weg.

Dazu brauchst du:
1 m festen Stoff (sehr gut sehen dabei dunkle Farben aus), Nähgarn, Dekorfarbe (Gold, Silber oder bunt, gibt es auch im Stoffgeschäft), 4 Vorhangösen, 4 kleine Überraschungen, Geschenkpapier und Geschenkband.

Schreibe mit der Dekorfarbe die Zahlen für die 4 Adventssonntage auf den Stoff. Zusätzlich malst du weihnachtliche Motive auf, z.B. einen freundlichen Nikolaus, eine Tanne, Kerzen und Schneeflocken. Das kann ungefähr so aussehen:

Nun nähst du die Ösen unter der jeweiligen Zahl an. An diesen Ösen hängst du dann die mit Geschenkband umwickelten Überraschungen auf.

TIP: Wenn dich das Ösen-Annähen nicht stört, kannst du auf die gleiche Weise auch einen großen Adventskalender mit 24 Zahlen gestalten.

Natürlich lassen sich auch mehrere Geschenke, für jedes Familienmitglied eines, an je einer Öse befestigen.
TIP: Wähle dann ein bestimmtes Papier für jeden aus, in das du seine/ihre Geschenke für die 4 Sonntage einwickelst. Nun schreibst du einen kleinen Weihnachtsbrief, in dem du die Geschenkpapier-Muster und ihre Empfänger aufzeichnest.

Der Weihnachts-Tannenbaum für Reisende

Das ist ein schönes Geschenk, das du aus Holz basteln kannst. Es ist ganz einfach, läßt sich zusammenlegen und nimmt im Reisegepäck kaum Platz ein.

Dazu brauchst du:
eine Baumschablone, Stifte, Farbe und Pinsel, 2 Holzbretter in einer Stärke von 0,8 mm, eine Laubsäge, Schmirgelpapier und eine Holzfeile.

So wird's gemacht:
Du zeichnest den einfachen Umriß eines Tannenbaumes auf, siehe Abbildung.

Lege eine Schablone an, schneide diese aus und übertrage die Umrisse auf zwei Holzbretter. Die Holzbretter aussägen. (TIP: Wenn du das Holz bei deinem Bastelgeschäft kaufst, kannst du es dort auch direkt zuschneiden lassen!) Achte darauf, daß die eine Tannenform einen Schlitz von unten bis zur Mitte verlaufend erhält. Die andere bekommt einen Schlitz, der von oben bis zur Mitte verläuft. Diese Schlitze müssen so breit sein, wie die Holzstärke ist! Nachdem du die Schlitze ausgesägt hast, probierst du aus, ob sich der Tannenbaum problemlos ineinanderstecken läßt. Gegebenenfalls kannst du noch etwas nachfeilen oder abschmirgeln.

Nun stellst du deine Baumhälften auf Zeitungspapier und streichst sie mit den Farben an. Das kann ein bunter Baum sein, der Kugeln in allen Farben hat, oder ein dunkelblauer Baum mit goldenen Sternen. Probiere aus, wie er dir am besten gefällt.

Nun läßt du ihn antrocknen. Nach dem Trocknen die Schlitze nochmals vorsichtig abschmirgeln, dann ist dein Weihnachtsbaum fertig.

TIP: Natürlich kannst du auch mehrere Bäume, in unterschiedlichen Größen, aussägen. Diese stellst du in Gruppen auf. Das sieht im vorweihnachtlichen Zimmer sehr schön aus, wenn Kerzen dazwischen stehen.

Der Tannenbaum für Naschkatzen

Das ist ein Überraschungsgeschenk, das du in Absprache mit deinen Eltern vorbereiten kannst! Du verzierst den Tannenbaum nur mit eßbaren Dekorationen, die am Heiligen Abend abgepflückt werden dürfen. Das ist fast ein bißchen „Schlemmerland-Atmosphäre" für dich und deine Familie!

Dazu brauchst du:
Viele bunte Bonbons, Schnüre, Plätzchen und Bänder, rote Äpfel, Streichhölzer, Nylonschnur, Lebkuchenherzen und alles, was du gerne naschst.

Fädele die Bonbons auf lange Ketten, diese drapierst du um den ganzen Baum. Dann schneidest du bunte Stoffbänder zurecht und hängst die Plätzchen und Lebkuchen daran auf.

Die Äpfel mit einem weichen Tuch auf Hochglanz polieren, dann mit einer Nadel die Nylonschnur durch das Kerngehäuse ziehen, mit einem Streichholz befestigen.

Sieh dir die Abbildung an, es ist gar nicht so schwer! Dann hängst du die Äpfel an stärkeren Ästen auf.

Nun fehlen nur noch einige Kerzen, und der Weihnachtsabend kann beginnen!

TIPS zum Versenden von ausgefallenen Grüßen

Wenn der Empfänger sie öffnet, schneien lauter süße und fröhliche Überraschungen heraus.

Dazu brauchst du:
2 Pappteller, durchsichtiges Klebeband, buntes Konfetti, Bonbons, Luftballons, Papierfiguren, Fotos und alle Überraschungen, die dir gut gefallen, Wasserfarben und Pinsel.

Als erstes bemalst du die Unterseite der beiden Pappteller mit Wasserfarben. Lustige Clownsgesichter, Schiffe oder Landschaften sehen darauf sehr schön aus. Wenn die Wasserfarbe angetrocknet ist, füllst du deine bunten Überraschungen in den Hohlraum des einen Tellers.
In den anderen Teller schreibst du deine Grüße und setzt ihn dann auf den unteren.

Mit Klebeband befestigst du die Teller aufeinander. Jetzt gut verpacken, und deine Grüße können entweder persönlich überbracht oder mit der Post verschickt werden.

TIPS zum Verpacken von Geschenken

Sorge dafür, daß deine Geschenke eine schöne, geheimnisvolle oder bunte Verpackung haben.

Die **Mumienverpackung:** Dazu umwickelst du das Geschenk mit Papier, so daß seine Form nur mit Mühe noch zu erkennen ist.

Die **Bonbon-Verpackung:** Packe das Geschenk in eine Röhrenform. Wickle buntes Geschenkpapier drumherum. Zupfe überstehende Rüschen heraus.

Die **Schachtelverpackung:** Auf leere Schachteln klebst du buntes Geschenkpapier. Lege deine Geschenke hinein und verschnüre alles mit einer großen Schleife aus Geschenkband oder Stoffstreifen.

Inhaltsverzeichnis